TRAITÉ

DE

PAIX ET D'ALLIANCE

ENTRE

les Libéraux et les Royalistes.

> J'ai la conviction que la France va mal, et je suis un bon citoyen en lui indiquant des remè-des. J'en ai le droit. Le jour que vous avez dé-claré la souveraineté du peuple, j'ai obtenu et je conserve une part de cette souveraineté tant que le peuple légalement convoqué n'aura pas parlé.
>
> CHATEAUBRIAND, *De la nouvelle proposition re-lative au bannissement de Charles X et de sa famille.*

Montpellier.

AUGUSTE SEGUIN, LIBRAIRE, PLACE-NEUVE.

❋

1832.

MONTPELLIER.

IMPRIMERIE DE X. JULLIEN, PLACE LOUIS XVI, N° 2. — 1832.

AVANT-PROPOS

❦

Parmi les anciennes lois de Solon, qui furent gravées à Athènes sur des tables de bois, il était une loi conçue en ces termes :

« Si dans un temps de troubles et de dissen-
« tions civiles, le peuple soulevé se divise en deux
« partis ; si par suite des animosités réciproques,
« les citoyens en viennent à s'armer et à combat-
« tre ; ceux qui, en cette triste conjecture, ne se
« rallieront pas à l'un des deux partis, mais se
« tiendront à l'écart, seront bannis et proscrits à
« jamais : ils n'auront plus ni biens, ni maisons,
« ni patrie. »

En lisant cette loi de Solon, on se dit d'abord : Pourquoi prononcer des peines contre ceux qui s'éloignent des émeutes populaires et des guerres civiles ? Mais si l'on réfléchit profondément sur le sens et sur les applications de cette loi, on voit qu'elle a pour objet non de fomenter, mais bien d'apaiser les dissentions, et c'est ce que prouve l'expérience. En effet, les gens de bien ne sont pas souvent de force à réprimer une révolution qui commence; ils ne peuvent ramener une multitude factieuse et frénétique; mais si, dans le principe, ils s'attachent, chacun de leur côté, à l'un des deux partis, il arrive que, d'abord simples alliés des factions, bientôt, par l'effet de cette considération qui environne les gens de bien, ils en deviennent les modérateurs et les chefs. C'est alors qu'ils sont propres à rétablir le calme et la concorde, parce qu'ils apaisent avec art ceux de leur parti, et tâchent de ramener, plutôt que de perdre, ceux du parti contraire.

INTRODUCTION.

Au mois de juillet 1830, l'Europe entière jouissait d'une heureuse paix; chacun soupirait dans le souvenir de ses malheurs passés, et se consolait dans l'espoir d'une tranquillité permanente; rien ne paraissait plus troubler la sérénité des beaux jours de la France, lorsque parurent ces fameuses ordonnances qui ont été la cause ou le prétexte d'une révolution sans exemple. Quelques ouvriers se soulèvent; le peuple, ému, agité, mécontent, se livre à des mouvemens impétueux: poussé par une main invisible, il se précipite aveuglément dans le péril, et dans trois jours une monarchie de quatorze siècles qui venait de soumettre les pirates d'Alger et de conquérir un royaume, disparaît aux yeux de l'Europe étonnée.

Dieu a fait voir aux peuples qu'il brise les sceptres quand il lui plaît, qu'il dispose des rois et des couronnes, au gré de ses désirs, et que les monarques, tout grands qu'ils sont sur la terre, ne sont à ses yeux qu'un amas de poussière qu'emporte le moindre souffle de vent.

Nous allons examiner quels ont été les effets de

cette catastrophe et quels sont les moyens d'y ré-
médier.

On classe maintenant les français en trois grandes divisions, savoir :

Les *Doctrinaires,* ou hommes du juste-milieu.

Les *Libéraux,* ou hommes du mouvement [1].

Les *Royalistes,* ou hommes monarchiques.

Nous ne parlerons pas du peuple; d'acteur qu'il
a été dans la révolution de juillet, il est redevenu
comme à l'ordinaire, non pas même spectateur,
mais instrument et machine de quelques ambi-
tieux : extrémement fatigué de tous les rôles
qu'on lui a fait jouer, le peuple ne soupire qu'a-
près le repos; nous le laisserons reposer en fai-
sant tout néanmoins pour soulager ses misères.

Voyons ce qu'ont fait les *Doctrinaires* qui tien-
nent le timon des affaires.

Dix-sept mois de révolution n'ont pas encore
arraché une seule liberté au gouvernement du
juste-milieu, malgré tant de promesses solennel-
les.

Si la souveraineté appartient à la nation, comme ils le disent, si d'elle seule émanent tous les
pouvoirs, comment ont-ils osé lui prescrire la
manière exclusive de les exercer, de les déléguer
et de les réviser ?

Ils ont placé le libre exercice de tous les cultes

---

[1] On entend ici par *Libéraux*, ceux qui, voulant des institutions libéra-
les, repoussent néanmoins un système de *terreur*.

religieux, au nombre des dispositions fondamen-
tales de leur charte, et ils ont ordonné d'abattre
les monumens religieux. La Croix, ce signe glo-
rieux de liberté et de salut, est proscrite dans
la capitale, et on en vend les débris à l'encan.

Après avoir déclaré le peuple souverain, ils
ont exigé de ce même peuple des sermens con-
traires à ce principe.

Après avoir reconnu la liberté d'enseignement,
ils ont soumis les effets de cette même loi aux
fantaisies arbitraires d'un jeune ministre.

Après avoir déclaré la liberté d'association,
ils ont chassé de leurs maisons de pauvres tra-
pistes qui se livraient à la culture des terres,
et aux actes de la charité. Ils ont livré les engagemens religieux aux caprices de la licence, en
croyant les ramener aux lois de la nature.

Après avoir consacré la liberté de la presse,
ils poursuivent les écrivains courageux qui usent
de ce droit ; ils les chargent de fers et les écra-
sent à force d'amendes.

Est-ce là de la liberté ?

Que signifient toutes ces proclamations, toutes
ces mesures de sûreté qui changent les départemens de l'Ouest en un vaste champ clos ? Vit-
on avec tant de frayeur au milieu des peuples
satisfaits ? Tant de crainte sied mal à l'amour
mutuel.

Les doctrinaires devaient combler le déficit,
adoucir et simplifier le système des impositions,

amortir la dette, rétablir le commerce, multi-
plier les canaux de l'abondance, et fonder le
crédit sur ses bases naturelles. L'espérance publique est trahie sur tous ces points. Les contributions n'ont changé de nom et de forme que
pour devenir plus arbitraires et plus pesantes.
Les frais de ce gouvernement *à bon marché* sur-
passent de beaucoup ceux de l'ancien, qui était
déjà assez lourd. L'esprit d'agiotage triomphe
dans la capitale ; les mœurs publiques sont cor-
rompues ; on représente sur les théâtres, les
papes et les rois, les saints et les courtisanes ;
l'émeute et le brigandage infectent plusieurs
provinces ; la France est sans police, sans liberté,
sans commerce, sans alliés. Les chambres sont
assemblées depuis plus d'un an, et elles n'ont
pu s'entendre sur les objets les plus importans ;
l'orage se forme de toutes parts ; nous voyons
partout les tristes présages des calamités futures ;
l'anarchie va croissant, pas un pouvoir qui soit
respecté ; le soulèvement est dans tous les cœurs ;
la sédition marche la tête levée ; on est obligé de
violer la loi militaire : sa discipline est énervée,
et le plus affreux désordre menace la société.
La soldatesque révoltée, réunie à la populace,
peut, d'un moment à l'autre, triompher dans
une émeute, et se précipiter dans des excès
dont la première idée nous fait frémir d'horreur.

Mais, nous disent les doctrinaires, tout cela
se calmera ; nous vous garantissons la paix ;

nous travaillons à un désarmement général.

La possibilité de la paix n'appartient pas au goùvernement actuel. Tandis qu'il nous endort dans l'espérance de ce désarmement, il ne s'aperçoit pas que tout ce qui se passe depuis quelque temps est dirigé contre lui. Quoique les puissances de l'Europe soient en paix avec nous à l'apparence, elles se méfient toujours de l'esprit révolutionnaire et se préparent à la guerre; les unes assemblent des armées, les autres forment des alliances convenables à leur intérêt et à leur haine pour la France.

Il ne faut pas se le dissimuler, les cabinets de l'Europe nous regardent comme leur ennemi infatigable. Ils nous font la guerre sourdement avant de nous la faire ouvertement; quand le moment sera venu, ils éclateront tous à la fois pour nous accabler.

Si les puissances entreprenaient une campagne d'hiver, ce qui ne serait pas impossible, quelles forces aurions-nous à leur opposer? Il est bon d'y penser d'avance.

La France a sur pied quatre cent cinquante mille hommes au plus; il faudrait en défalquer cent cinquante mille au moins pour le service de l'intérieur; car les mécontentemens, les partis, entraveraient le développement de ces forces, dont il faudrait tenir une partie en réserve pour l'Ouest et le Midi. Nous ne parlerons pas de la désertion à l'intérieur et à l'extérieur;

le courant en a augmenté au lieu de diminuer.

Évaluons maintenant les ressources des puissances sous le rapport de leurs armées.

L'Autriche a sur pied environ..	350,000 hommes
La Prusse..................	300,000
Les pays de l'Allemagne, séparés de l'Autriche et de la Prusse..	200,000
La Sardaigne...............	70,000
La Hollande................	80,000
L'Espagne.	100,000
La Russie, pour son contingent.	150,000
TOTAL......	1,250,000 hommes

Nous ne mettons pas en ligne de compte les secours que pourraient fournir la Suède, le Danemarck, le Portugal, les États d'Italie, même le petit duc de Modène; tout cela sera compensé par l'armée des belges et les bandes des réfugiés de toutes les nations.

Quant à l'Angleterre, l'ennemie naturelle de la France, si elle fait semblant d'être pour nous, ce sera pour nous tromper. Comme elle ne fait ordinairement la guerre que par mer, ou avec un petit nombre de troupes, sur le continent, elle regardera faire les parties belligérantes, pour nous accabler ensuite si nous avons le dessous. Au reste, l'Angleterre a bien assez de ses affaires: elle est déchirée à son tour par les maux que, pendant quarante ans, elle a fomenté dans le sein de la France.

En supposant que les puissances étrangères réservent cinq cent mille hommes pour la garde de leur pays, il leur restera sept cent cinquante mille hommes de troupes aguerries contre nos trois cent mille, dont les trois quarts n'ont pas vu le feu.

Mais la France, dira-t-on, pourra lever trois cent mille hommes de gardes nationales. Hélas! on sait le cas qu'on doit faire, surtout dans l'hiver, des gens qu'on arrache à leurs familles ; mais indépendamment de cette considération, peut-on compter sur l'esprit d'une force armée qu'on n'a pas osé organiser dans la moitié de la France? On dira encore qu'au commencement de la première révolution, la république a tenu à la fois sur pied huit grandes armées : nous en convenons ; mais les temps ne sont plus les mêmes : les affaires et les esprits ont bien changé de face ; alors l'élan de la liberté animait tous les cœurs ; alors les français avaient les levées en masse, moyen dont les puissances ne se servaient pas encore ; nous ne pouvons plus revenir à cet effort extraordinaire, facilité par des circonstances qu'il est impossible de renouveler, telles que le gouvernement de la terreur, les tribunaux révolutionnaires et la guillotine permanente.

Maintenant la masse du peuple repousserait ces mesures violentes ; les gardes nationaux ne se laisseraient plus égorger par un nouveau ROBERSPIERRE et ses satellites ; la petite propriété,

après avoir bien savouré toutes les nouveautés révolutionnaires, est depuis long-temps désabusée.
Elle combattrait avec courage le despotisme populaire, à cause de ses émeutes, de ses pillages
et de la guerre étrangère.

Le négociant est dans le même cas : il a été
trop et trop souvent trompé. Les faillites et le dé-
faut de vente ont tempéré son ardeur ; et tout en
continuant d'admirer quelques principes de cette
révolution, il en redoute les conséquences. Ceux
qui ont acquis une fortune honnête au prix de
leurs travaux et de leur industrie, tremblent d'en
être dépouillés par *le peuple des barricades.*

Il n'y a pas jusqu'aux gens de lettres qui n'aient
changé de langage ; les uns ont été vexés, empri-
sonnés, sous divers prétextes ; les autres pleu-
rent sur la monarchie qu'ils ne voulaient que ré-
former.....

Dans cet état de choses, si pénible aux yeux
de tous les bons français, des Libéraux et des
Royalistes influens dans leur parti, se sont réunis pour tâcher d'y remédier.

Il y a des circonstances particulières qui permettent à des gens ennemis et rivaux en politique de se rapprocher : quoique divisés par des
opinions, ils ne doivent plus avoir qu'un même
intérêt quand il s'agit du bonheur de la patrie.

Les libéraux moins nombreux que les hommes
monarchiques, ont des chefs, des plans, de l'au-
dace, et ne manquent pas de bras courageux

et entreprenans. Ils abhorrent les doctrinaires.

Les libéraux ne voient de salut pour la France que dans des institutions libres et républicaines.

Les hommes monarchiques, pleins de bonne foi, détestent, comme ceux-ci, le juste-milieu. Ils regrettent et désirent le salutaire principe de la légitimité. Leur nombre est immense ; mais leur ancienne habitude d'obéissance les rend plus circonspects et plus timides que les libéraux.

Dans cette réunion, chaque parti a fait des concessions et des aveux remarquables : tous ont abandonné leurs préventions réciproques. L'on a arrangé franchement les points sur lesquels on différait; ces discussions amicales ont fini par une adhésion complète à un traité que des commissaires ont été chargés de présenter à l'assemblée. L'on a arrêté une réunion d'avis et de sentimens que tous ont regardé comme nécessaire dans la crise actuelle, pour opérer le salut de l'état, et prévenir la guerre civile, l'anarchie et la guerre étrangère.

Les libéraux ont avoué qu'ils ont été la dupe des doctrinaires et du *juste-milieu*, et que la souveraineté du peuple, tant vantée, a été escamotée.

Les libéraux ont convenu que la révolution de juillet, semblable à une épidémie, tend visiblement à un relâchement total, et que la masse du peuple, inhabile par son nombre à participer à des largesses de longue durée, s'est détachée la première de cette révolution.

Les libéraux ont avoué que les constitutions dont ils ont été si prodigues depuis quarante ans, ne sont encore gravées ni sur l'airain, ni dans le cœur des français; et que ces constitutions se sont évanouies au premier choc. Ils ont convenu qu'ils ont pris les inspirations de l'amour-propre, pour les élans de la liberté, et l'ingratitude envers les anciens bienfaiteurs de la patrie pour de la sagesse.

Les libéraux ont avoué qu'ils ont toujours cherché la clef des événemens actuels dans les révolutions grecques et romaines, dans des temps bien différens du nôtre; qu'ils ont expliqué le temps présent par l'histoire des siècles passés, et que comme ce qui arrive aujourd'hui n'a rien de commun avec ce qui s'est passé autrefois, il en est résulté que dans la pratique, ils se sont toujours trompés.

Ils ont avoué que plusieurs d'entre eux, systématiques, ou charlatans ont écrit des romans de politique impossibles à effectuer, et qu'ils ont prôné des principes démentis par leur propre conduite.

Les libéraux ont reconnu que la révolution de juillet est en état d'hostilité et de conjuration permanente contre l'Europe entière; et par conséquent, en guerre avec elle sous ce double rapport.

Ils sont convenus qu'ils ont eu tort de rêver la république, incompatible avec le caractère fran-

çais. Ils ont reconnu franchement que du réta-
blissement de la royauté légitime en France, dé-
pendent la paix du monde, la stabilité des em-
pires, la sûreté des individus, et le maintien de
toutes les propriétés; que jusque-là, il n'y aurait
que troubles et confusion; mais les libéraux en
accordant ce grand point qui les rend *monarchiques,*
de républicains qu'ils étaient auparavant, veulent *que les lois constitutionnelles qui doivent régir la
France, ne soient faites que par elle,* c'est un ré-
glement intérieur qui ne regarde pas les étrangers. Ils doivent en être totalement écartés.

Les libéraux ont donc reconnu que l'ordre de
succession établi en France depuis quatorze siècles,
est le seul qui puisse faire le bonheur des français; mais ils ont déclaré que la loi qui règle la
succession à la monarchie n'est nullement une
loi de droit divin, mais une loi politique établie
pour l'intérêt de ceux qui sont gouvernés, et non
pour ceux qui les gouvernent. En conséquence,
ils accepteront la royauté légitime fondée sur un
large système de liberté, et la maintiendront sans
hypocrisie; mais ils veulent formellement que la
constitution émanée de la volonté générale, ex-
primée par les ÉTATS-GÉNÉRAUX, contienne la dé-
claration des droits du citoyen français.

Les libéraux ont accordé qu'il faut des lois
stables et voulues par la majorité; car ils savent
que dans tout gouvernement représentatif, on
ne gouverne pas contre elle.

Les libéraux ont reconnu que le commerce ne peut reprendre, que les manufactures ne peuvent se relever, que la confiance ne peut renaître que sous l'empire d'un souverain héréditaire. Ils entendent néanmoins que ce chef inamovible ne puisse jamais dépouiller le citoyen des possessions, franchises et libertés qui lui appartiennent légitimement.

Les libéraux veulent que si le maintien de l'ordre exige, qu'un particulier soit arrêté, on ne perde jamais de vue que dans ce cas extrême, toute rigueur est un délit. Il faut, ont-ils dit avec feu, que l'homme sache qu'il est libre ; mais il faut faire plus que de le lui déclarer, il faut ordonner qu'il le soit. La loi qui empêchera qu'on attente à sa liberté sans corps de délit constant, prouvera mieux que tous les raisonnemens, que la liberté de l'homme est naturelle et sacrée.

Enfin, les libéraux ont déclaré qu'ils mettraient autant d'empressement à se soumettre à la loi, lorsqu'elle commandera aux forts, qu'ils en mettaient à s'y soustraire, lorsqu'elle ne pesait que sur les faibles.

LES ROYALISTES ONT ADHÉRÉ A TOUT CE QUE VEULENT LES LIBÉRAUX.

Dans cette réunion, les royalistes ont reconnu qu'il est ridicule de décider des droits des royaumes, des nations et de l'univers, par les mêmes maximes sur lesquelles ont décide entre les particuliers d'un droit de goutière [1]. Ils ont avoué qu'ils n'ont presque jamais saisi le véritable côté des choses , et qu'ils ont été dupes des doctrinaires , des intrigans de cour et des absolutistes. Ils ont reconnu que les fraudes électorales, de quelle part qu'elles viennent , méritent une juste réprobation.

Les royalistes ont avoué que par suite de leur isolément et de leur antipathie contre les libéraux , ils ont manqué de cette communication d'idées qui fait la lumière , et que leurs opinions n'ont pu se rectifier les unes par les autres. Les royalistes ont reconnu que depuis la restauration , presque tous les ministères ont préparé la catastrophe de juillet, en ne pas accordant les libertés publiques que tous les gens sages avaient le droit d'espérer.

Les royalistes ont reconnu que la nature fait tous les hommes libres et égaux en droit , et que les distinctions sociales doivent être fondées sur les services rendus et l'utilité publique.

Les royalistes ont déclaré qu'ils veulent asseoir la monarchie sur la double base de l'hérédité du trône, et de la participation de tous les français à voter l'impôt. Ils reconnaissent que ce n'est pas pour la famille régnante que l'ordre de succession

[1] Cette maxime est bien ancienne : elle est de Cicéron.

est établi, mais parce qu'il est de l'intérêt de l'état qu'il y ait une famille régnante.

Les royalistes réclament avec force, les droits des citoyens, la liberté, la propriété; ils veulent pour chaque membre de la nation l'inviolabilité des propriétés particulières, comme ils veulent pour elle-même l'inviolabilité des propriétés publiques.

Les royalistes réclament dans toute son étendue la liberté de la presse; mais ils veulent concilier cette liberté avec le respect dû à la religion, aux mœurs et à l'honneur des citoyens.

Les royalistes s'élèvent avec indignation contre les ordonnances qui disposent arbitrairement des personnes; contre la violation du secret de la poste, l'une des plus infâmes manœuvres du despotisme. Les royalistes ont déclaré que leur intention est de demander sans cesse, les assemblées communales pour nommer les électeurs à une assemblée nationale : ils ont déclaré qu'ils veulent l'égalité des contributions, la nomination des officiers et conseillers municipaux.

Les royalistes demandent encore l'établissement des états provinciaux, ils veulent que ces états délibèrent en commun sur toutes les affaires de leurs provinces, suivant l'usage observé dans les anciennes assemblées provinciales.

Les royalistes veulent qu'une commission intermédiaire choisie par ces états, administre les affaires de la province, qu'elle ait l'administration des hospices, des prisons, des dépôts de mendicité, des enfans trouvés, des orphelins; qu'elle ait la surveillance et l'entretien des forêts, la garde et la vente des bois; l'imposition des dépenses des villes; qu'elle ait l'entretien des routes et des canaux; enfin qu'elle puisse être chargée de tout ce qui peut être administré utilement pour l'avantage de la province.

A une division purement arbitraire des départemens, les royalistes veulent des limites tracées par la nature et les sentimens des peuples.

Les royalistes demandent l'émancipation de toutes les communes du joug centralisateur de Paris; ils veulent l'abolition de ce régime de tutelle, si ridicule et si vexatoire, imposé aux communes et à tous les établissemens publics, sous prétexte de veiller à la conservation de leurs droits.

Les royalistes veulent la régénération de l'état; ils l'attendent de la simple réforme des abus; et non de l'insurrection populaire; ils veulent enfin la liberté, la nationalité, l'indépendance et la grandeur de la France, tous les intérêts populaires, tous les principes de liberté!

LES LIBÉRAUX ONT ADHÉRÉ A TOUT CE QUE VEULENT LES ROYALISTES.

Ensuite les libéraux et les royalistes, représentant la majorité nationale, ont décidé de provo-

quer par tous les moyens légaux la tenue des assemblées primaires, pour avoir, par le moyen des
états-généraux, une constitution fondamentale
qui soit faite d'après le concours du peuple français.

Les libéraux et les royalistes ont déclaré que
le souverain de leur choix ne doit pas être lié
par les engagemens de ses prédécesseurs et qu'il
ne sera pas tenu de suivre ce qui s'est fait au
préjudice du peuple et de la liberté.

Ces principes posés, ils sont convenus d'un
traité de paix et d'alliance entre eux.

Voici ce plan de conciliation, qui doit fixer
l'attention de tous les bons français ; car il a pour
but la félicité publique.

TRAITÉ

DE

PAIX ET D'ALLIANCE

ENTRE

LES LIBÉRAUX ET LES ROYALISTES.

Au nom de la Patrie,

Les libéraux d'une part et les royalistes d'autre part, étant animés d'un égal désir de mettre fin aux agitations de la France et aux malheurs de la patrie, par une paix solide et durable, fondée sur des concessions mutuelles; après s'être embrassés comme des frères, sont convenus des articles suivans :

ARTICLE PREMIER. A dater de ce jour, il y aura paix et amitié entre les libéraux d'une part et les royalistes d'autre part.

ART. II. Les parties contractantes déclarent et promettent qu'aucun individu, quel qu'il soit, ne pourra être poursuivi, inquiété et troublé dans sa personne, sous aucun prétexte, par l'autre parti à cause de son opinion politique et de ses actions.

Art. III. Les libéraux et les royalistes se pardonnent tous les torts qu'ils peuvent avoir les uns envers les autres ; ils se rendront réciproquement tous les bons offices qui dépendront d'eux : sont exceptés de cette convention, les assassins et les voleurs qui se glissent dans tous les partis.

Art. IV. Les parties contractantes forment une alliance perpétuelle et promettent de se secourir mutuellement de toutes leurs forces, toutes les fois que l'un ou l'autre des contractans sera attaqué injustement par qui que ce soit.

Art. V. Les libéraux et les royalistes repoussent de tout leur pouvoir cette politique du *juste-milieu* qui donne des espérances à tous les partis, sans prendre d'engagement décidé.

Art. VI. Les libéraux, voulant mettre fin à toutes les perturbations, et rétablir la prospérité de la France, renoncent à leur idée de république et de propagande révolutionnaire.

Art. VII. De leur côté, les royalistes renoncent à soutenir le pouvoir absolu des rois, s'il y en a encore parmi eux qui partagent cette opinion.

Art. VIII. Les libéraux s'engagent à ne plus

déclamer contre les rois ; car ils reconnaissent qu'après avoir déclamé contre les rois et les dictateurs , ils ont eu des dictateurs , et qui plus est un empereur absolu.

ART. IX. Les royalistes déclarent que le prétendu pouvoir de suspendre les lois ou l'exécution des lois , par ordonnances , est illégal. Ils blâment l'imprudente conduite des ministres de juillet , qui n'ont pas gardé dans leurs opérations les règles communes de la prudence et de la discrétion.

ART. X. Les parties contractantes ne se feront plus un art de contrarier ce qui aura été convenu ; elles agiront avec ce concert qui pourra rendre leur union redoutable.

ART. XI. Les parties contractantes demanderont avec force que les provinces soient rétablies dans leur ancienne indépendance.

ART. XII. Elles déclarent que toute levée d'argent pour l'usage de la couronne, sans que la nation l'ait accordée, est illégale ; l'emprunt n'étant qu'un impôt indirect sur la postérité doit être assujetti aux mêmes principes.

ART. XIII. Les parties contractantes déclarent qu'elles ne veulent point se mêler du gouvernement intérieur et domestique de leurs voisins.

ART. XIV. Les parties contractantes, réunies en corps de nation , renoncent à tout projet d'envahissement, de quelque nature que ce soit : excepté qu'elles n'y soient forcées par le droit de légitime défense. Elles reconnaissent que la meilleure politique est celle qui ne cherche qu'à faire fleurir les états dans la paix et les relations commerciales.

ART. XV. Les parties contractantes entendent que toutes les religions soient libres , et puissent exercer leur culte sans obstacles.

ART. XVI. Il est défendu à ceux qui professent ces religions d'employer des termes injurieux ou des railleries, en parlant de leur culte respectif ; mais ils pourront se combattre mutuellement avec décence , par la force de la vérité et du raisonnement.

ART. XVII. Les libéraux cesseront de se prétendre et de se dire les *patriotes par excellence.*

ART. XVIII. Les royalistes de leur côté, déclarent qu'ils renoncent à toute idée de primauté.

ART. XIX. Les qualifications de *vainqueurs* et de *vaincus,* de *carlistes* et les *jacobins* sont abolies. Les *libéraux* et les *royalistes* abandonnent ces sobriquets, pour se confondre ensemble sous l'ancien et commun nom de *français.*

Art. XX. Les deux parties contractantes promettent d'apporter tous leurs soins, pour s'opposer à toutes les innovations qui pourraient s'introduire contre la liberté ; car cette confédération a pour but principal de maintenir les contractans dans la possession de tous leurs droits, franchises et libertés.

Art. XXI. Les parties contractantes feront ensorte de maintenir, non seulement entre elles, mais encore autant qu'il dépendra d'elles, entre tous les français, la bonne harmonie et intelligence si nécessaires à leur repos.

Art. XXII. Que s'il arrive de nouveaux troubles, elles s'engagent de n'user d'aucune représaille, mais de finir les nouvelles querelles par une négociation amiable, et d'en attendre la décision par la voie ordinaire de la justice et des lois.

Art. XXIII. Les parties contractantes repoussent tous ces hommes tourmentés du besoin, toujours renaissant, de troubler l'ordre général dans lequel ils ne peuvent trouver place.

Art. XXIV. Les royalistes partageant sans réserve, tous les sentimens des libéraux, relativement aux *droits-réunis,* s'engagent à unir tous leurs efforts à ceux de leurs confédérés pour faire prononcer par l'autorité compétente, l'abolition de ces droits vexatoires.

Ensuite les parties contractantes sont convenues des bases suivantes pour le gouvernement qui sera l'expression de la volonté générale.

ARTICLE PREMIER. Le gouvernement monarchique héréditaire, a été choisi par la nation française comme le plus propre à maintenir ses droits, et parce qu'il convient surtout à une grande société.

ART. II. Les mandataires du peuple souverain sont appelés à consacrer les droits de la royauté sur la base immuable de la liberté.

ART. III. Le roi est le chef de la nation, il ne règne que par la loi, et quand il ne commande pas au nom de la loi, il ne peut exiger l'obéissance.

ART. IV. Le roi portera le titre de PÈRE [1]; car de même que la Providence a donné un chef à chaque famille, pour y maintenir l'ordre et la paix par l'autorité paternelle, elle a voulu aussi que chaque peuple eut un chef qui, comme le père d'une grande famille, réunît tous les membres d'un état, sous l'autorité publique, pour veiller au salut de tous.

---

[1] On trouvera peut-être ce titre singulier, surtout si on l'applique à un mineur. Mais on donne bien le nom de *Roi* à un enfant qui souvent ne fait que de naître : les conventions font tout.

Art. V. Le père a le pouvoir exécutif souverain ; il est chargé de maintenir la sûreté du royaume au dehors et dans l'intérieur ; de veiller à sa défense, de faire rendre la justice en son nom, dans les tribunaux, de faire punir les délits, de procurer le secours des lois à tous ceux qui le réclament, de protéger les droits de tous les citoyens et les prérogatives de la couronne suivant les lois et la constitution qui sera établie.

Art. VI. La personne du père est inviolable et sacrée ; elle ne peut être actionnée directement devant aucun tribunal.

Art. VII. Le père est le dépositaire de la force publique ; il est le chef suprême de toutes les forces de terre et de mer ; il a le droit de faire la paix et la guerre, de passer des traités de commerce.

Art. VIII. Le père a le droit exclusif de battre monnaie ; mais il ne doit faire aucun changement à sa valeur sans le consentement de la nation.

Art. IX. A lui seul appartient le droit de donner des lettres de grâce, dans les cas où les lois permettent d'en accorder.

Art. X. Le père est le maître absolu du choix de ses ministres et des membres de son conseil.

Art. XI. Le père est le dépositaire du trésor pu-

blic, il ordonne et règle les dépenses conformé-
ment aux conditions prescrites par les lois qui
établissent les subsides.

ART. XII. Le PÈRE est la source des honneurs;
il a la distribution des grâces, des récompenses,
la nomination des dignités et emplois civils et
militaires.

ART. XIII. La couronne est héréditaire de branche en branche, par ordre de primogéniture, et
dans la ligne masculine seulement : les femmes
et leurs descendans en sont exclus.

ART. XIV. Suivant la loi, LE PÈRE ne meurt jamais, c'est-à-dire, que par la seule force de la
loi, toute l'autorité royale est transmise, incon-
tinent, après la mort du monarque, à celui qui
a le droit de lui succéder.

ART. XV. Pendant la minorité des PÈRES ou en
cas de démence constatée, l'autorité royale sera
exercée par une régence.

ART. XVI. Les ministres et les autres agens de
l'autorité sont responsables de toutes les infrac-
tions qu'ils commettent envers les lois.

ART. XVII. Chaque membre de la société, ayant
droit à la protection de l'état, doit concourir à
sa prospérité, et contribuer aux frais nécessaires
dans la proportion de ses biens, sans que nul

puisse prétendre aucune faveur ou exemption, quel que soit son rang ou son emploi.

ART. XVIII. Le gouvernement doit garantir les droits imprescriptibles qui appartiennent à tous les hommes, tels que la liberté personnelle, la propriété, la sûreté, le soin de son honneur et de sa vie, la libre communication de ses pensées et la résistance à l'oppression.

ART. XIX. Il y a des droits égaux pour tous, et dont aucune créature humaine ne peut être dépouillée sans iniquité.

ART. XX. Les citoyens ne peuvent être soumis à d'autres lois qu'à celles qu'ils ont librement consenties par eux ou par leurs représentans, et c'est dans ce sens que *la loi est l'expression de la volonté générale.*

ART. XXI. Aucune taxe, impôt, charge, droit ou subside ne peuvent être établis sans le consentement libre et volontaire des représentans de la nation.

ART. XXII. Nul ne peut être arrêté ou emprisonné qu'en vertu de la loi, avec les formes qu'elle a prescrites et dans le cas qu'elle a prévus.

ART. XXIII. Aucun homme ne peut être jugé que dans le ressort qui lui a été assigné par la loi.

Aʀᴛ. XXIV. Il est permis à tout homme de repousser la force par la force, à moins qu'elle ne soit employée en vertu de la loi.

Aʀᴛ. XXV. Tous les individus doivent pouvoir recourir aux lois et y trouver de prompts secours pour tous les torts et injures qu'ils auraient soufferts dans leurs biens ou dans leurs personnes, ou pour les obstacles qu'ils éprouveraient dans l'exercice de leur liberté.

Aʀᴛ. XXVI. La justice sera tout-à-fait gratuite ; car elle est une dette du gouvernement. Il faut que le pauvre trouve dans les tribunaux un accès facile.

Aʀᴛ. XXVII. Les peines ne doivent point être arbitraires, mais déterminées par les lois, et elles doivent être absolument semblables pour tous les citoyens, quels que soient leur rang et leur fortune.

Aʀᴛ. XXVIII. La liberté de la presse est le plus ferme appui de la liberté publique. Les lois doivent la maintenir en la conciliant avec les moyens propres à assurer la punition de ceux qui pourraient en abuser.

Aʀᴛ. XXIX. Tout ce qui n'est pas défendu par la loi est permis, et nul ne peut être contraint à faire ce qu'elle n'ordonne pas.

ART. XXX. Jamais la loi ne peut être invoquée pour des faits antérieurs à sa publication ; et si elle était rendue pour déterminer le jugement de ces faits antérieurs, elle serait oppressive et tyrannique.

ART. XXXI. L'enseignement doit être libre. Le soin de préparer l'avenir intellectuel de la génération qui s'élève, ne doit appartenir qu'à la conscience et à l'autorité des chefs de famille.

ART. XXXII. Toutes les entraves mises à l'instruction et à l'éducation de la jeunesse sont abolies. Le monopole de l'enseignement, organisé par le despotisme impérial, et continué par les doctrinaires, est aussi contraire à nos lois qu'à nos mœurs.

ART. XXXIII. La constitution définitive, l'organisation des pouvoirs, et les détails accessoires seront établis sur les bases que l'on vient d'énoncer par les états-généraux de la nation.

ART. XXXIV. Les parties contractantes ont signé ce traité, et y ont opposé le cachet de leurs emblêmes.

(*Locus sigilli.*)   *Ont signé pour les libéraux,*
(Le symbôle de la loi.)   N. N. N., commissaires.

(*Locus sigilli.*)   *Ont signé pour les royalistes,*
(Un jeune lis épanoui.)   N. N. N., commissaires.

Fait en Languedoc, en pleine campagne, comme faisaient nos pères, le 15 janvier 1832, la quatorze cent huitième année de la monarchie française.

ARTICLES ADDITIONNELS.

ARTICLE PREMIER. Tous les amis de l'ordre et de la patrie, sont invités à souscrire à ces arrangemens.

ART. II. Si dans le congrès général de la nation, la majorité repousse ce projet, les parties contractantes se soumettront et ne s'opposeront pas au gouvernement qui sera établi ; mais elles conserveront toujours entre elles la paix et l'amitié qu'elles se sont jurées.

———————

Avant de se séparer, l'assemblée a approuvé la proclamation suivante qui sera adressée à tous les bons français.

INDÉPENDANCE, HONNEUR, PATRIE !

AMIS ET CONCITOYENS,

« Nous nous sommes assemblés pour traiter une affaire de la plus haute importance. Nous n'eûmes jamais plus besoin de votre concours. Ecoutez-nous :

«Nous nous sommes réunis pour prévenir les calamités qui menacent notre patrie ; pour défendre en commun la liberté des opinions et des personnes. Nous avons besoin d'accord et de repos ; mais nous ne pouvons nous sauver que par nous-mêmes ; vous verrez par les pièces ci-jointes quelles sont nos intentions.

«Amis, rétablissons l'ordre, la liberté, la paix, le bonheur dans notre chère patrie ; mettons de côté les intérêts personnels, les passions particulières, pour saisir des avantages plus réels, plus élevés, plus durables. Nous sommes tous français ; il ne doit y avoir qu'une même opinion, qu'un cri, qu'un effort. Tâchons de ramener les hommes égarés ou vindicatifs, par des persuasions amicales ; allumons dans tous les cœurs l'amour du bien public ; dirigeons les esprits vers des idées saines, les mœurs vers des habitudes paisibles, les sentimens vers l'amour de la patrie : au lieu de corrompre la pensée, laissons-lui son essor, et n'arrêtons que les écarts de l'esprit qui pourraient blesser les mœurs ou troubler la paix de la société. Il faut de l'ordre à la France, il lui faut de la liberté, mais une liberté régulière, une liberté organique qui entre dans la constitution même du pays.

«Après avoir erré si long-temps sur une mer orageuse, après que nous avons touché à tous les écueils ; n'abandonnons pas le principe qui a toujours arraché la France du sein des tempêtes. La

3

légitimité ralliera tous les intérêts, comprimera toutes les passions, garantira toutes les proprié- tés ; elle se présente aujourd'hui à nos yeux, com- me la liberté de 89 avec toute la magie de l'espé- rance ; les français attendent d'elle l'oubli et le remède de leurs maux ; alors la confiance renaî- tra ; le commerce et l'industrie se ranimeront ; alors les étrangers ne diront plus que c'est à un gouvernement perturbateur qu'ils veulent faire la guerre ; alors s'ils osaient se présenter, nous nous leverions tous en masse pour repousser l'agression.

« Amis, unissons nos efforts ; que les plus sages redoublent de zèle ; que l'égoïsme, l'intérêt per- sonnel, les petites passions individuelles dispa- raissent toutes devant ce grand intérêt qui doit nous diriger. Ne professons tous qu'une seule opinion, qu'une seule volonté. Puisse-t-il luire bientôt ce jour, où les français et leur monarque unis par les liens d'un amour mutuel, ne com- poseront qu'une même famille, où le PÈRE et les enfans ne perdront jamais de vue le bien géné- ral, et ne verront qu'en lui leur intérêt particu- lier ! »

———————

Me souvenant des malheurs arrivés dans le Midi en 1815, et voulant en prévenir de sem- blables, j'ai publié ce plan d'accomodement.

L'auteur de cette Utopie,

Auguste SEGUIN.

www.ingramcontent.com/pod-product-compliance
Lightning Source LLC
Chambersburg PA
CBHW070720210326
41520CB00016B/4407